DIARIO DE LA VIDA DE
Abuela

HISTORIAS, RECUERDOS Y MOMENTOS PARA MI FAMILIA

Contenidos

DIARIO DE LA VIDA DE ABUELA

DIARIO DE LA VIDA DE
Abuela

INTRODUCCIÓN

Todos los padres tienen una historia que contar, aunque muchos nunca tienen la oportunidad de compartir o capturar esos recuerdos, momentos e historias especiales en un solo lugar.

Este diario ha sido cuidadosamente diseñado para que los padres puedan compartir la historia de su vida y proporcionar las respuestas a muchas preguntas que la familia y los amigos nunca se han planteado.

Utiliza este diario para compartir tus experiencias vitales y tus historias, recuerdos y momentos quedarán como un recuerdo eterno para las futuras generaciones.

Gracias por compartir la historia de tu vida.

Presentación de Abuela

Un Mensaje de Abuela

Presentación de Abuela

Un Mensaje Antes de Empezar

Nombre Completo

FECHA

Árbol Genealógico

Bisabuela
Bisabuela
Bisabuelo
Bisabuelo
Abuela
Abuelo
Padre
Mis hermanos

LOS COMIENZOS

Mis años de bebé

Nombre completo _______________________________

Fecha de nacimiento _______________________________

Dirección de la casa donde naciste? _______________________________

____

Nombre de la madre _______________________________

Nombre del padre_______________________________

____

Origen de mi nombre tu

____

____

____

Mi diario de la vida

Edad de mi padre cuando nac ítu naciste_________________________________

Nacionalidad ____

Profesión de mi padre   ____

Edad de mi madre cuando nací ____

Nacionalidad____

Profesión de mi madre   ____

Nombres y edades de mis hermanos (si aplica)

____

____

____

¿Tenías buena salud cuando eras bebé?

____

____

____

Nombres de tíos y/o tías cuando naciste (si aplica)

____

____

____

____

Mi diario de la vida

Comparte con nosotros alguna información sobre tus padres.

____

____

____

____

____

____

____

____

Detalles de los abuelos

Por parte de la madre

Abuela ______________________ Nacionalidad ______________

Abuelo ______________________ Nacionalidad ______________

Por parte del padre

Abuela ______________________ Nacionalidad ______________

Abuelo ______________________ Nacionalidad ______________

Mi diario de la vida

Esto es algo que tal vez no conozcan de nuestra historia familiar.

Mi diario de la vida

Utiliza estas páginas para incluir cualquier foto o información adicional sobre su familia o sus
 años de infancia.

Sección Dos
CRECIENDO

MIS AÑOS DE INFANCIA

¿Cuál es tu primer recuerdo de niño?

____

____

____

____

____

¿Te contaron alguna cosa divertida o alguna característica única que tuvieras de pequeño?

____

____

____

____

____

____

Mi diario de la vida

De pequeño, ¿a qué juegos o actividades te gustaba jugar?

De pequeño, ¿Cuál era tu juguete favorito?

De pequeño, ¿Tenías una o varias mascotas?

Mi diario de la vida

De pequeño, ¿Tenías algún programa de televisión favorito que te gustara ver?

____

____

____

¿Cuál era tu libro o libros favoritos cuando eras niño?

____

____

____

¿Recuerdas haber sufrido algún accidente o haberte hecho daño de pequeño? Si es así, ¿hay alguna historia detrás del accidente o la lesión?

____

____

____

____

____

____

____

¿Recuerdas algún momento en el que te metieras en un gran lío de pequeño? ¿Hubo algún castigo?

____

____

____

____

____

____

____

¿Hay alguna celebración especial a la que recuerdes haber asistido de niño?

____

____

____

____

____

____

¿Cuáles son tus mejores recuerdos entre los 5 y los 12 años?

Mi diario de la vida

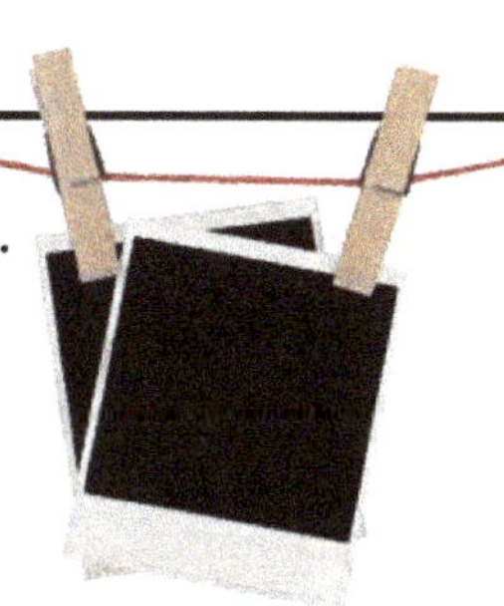

Utiliza estas páginas para incluir cualquier foto de tu infancia.

Mi diario de la vida

Mi diario de la vida

¿Cuál era tu comida favorita de niño?

____

¿Tenías algún amigo cercano cuando eras niño? En caso afirmativo,
indica algunos nombres y detalles.

____

____

____

____

____

¿Hubo algún deporte o interés especial en el que empezaste a participar
a una edad temprana?

____

____

____

____

____

____

Primeros años de escuela

Mi escuela primaria se llamaba...

____

Proporciona los detalles de la ubicación de la escuela..

____

Describe tu escuela. ¿Estaba en una ciudad o en una zona rural? ¿Era grande o pequeña? ¿Cuál era el contexto de los niños que asistían?

____

____

____

____

____

____

¿Hubo algún profesor que se destacara realmente y que tuviera un impacto en tu educación infantil?

____

____

____

____

Detalla tu momento o anécdota más memorable de tus primeros años de escuela.

____

____

____

____

____

____

____

____

¿Tenías algún amigo cercano en la escuela?

____

____

____

____

¿Qué tipo de estudiante eras? ¿Te portabas bien o eras travieso?

____

____

____

____

____

____

____

____

Mi diario de la vida

¿Cuáles eran tus asignaturas favoritas?

____

____

____

¿Hubo algo que te resultara difícil durante tus primeros años de escuela?

____

____

____

____

____

____

____

____

____

Mi diario de la vida

Utiliza estas páginas para incluir cualquier foto o nota adicional de tus primeros años de escuela.

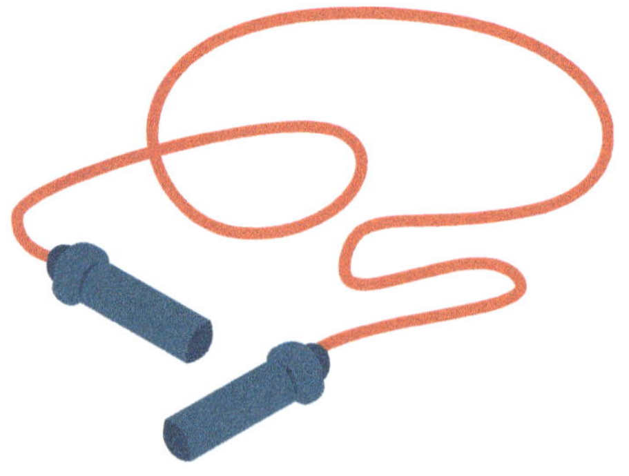

Mi adolescencia

Describe cómo eras de adolescente.

¿Cuáles eran tus principales intereses?

¿Saliste con alguien en tu adolescencia? Si es así, comparte algunos detalles o una historia.

¿Hay algo de lo que te arrepientas de haber hecho en tu adolescencia?

Mi diario de la vida

¿Cuándo y dónde aprendiste a conducir un vehículo?

¿A qué edad obtuviste el permiso de conducir?

¿Cuál fue el primer vehículo/medio de transporte que compraste?

Comparte una experiencia de tus primeros años de conducción.

Mi diario de la vida

Utiliza esta página para incluir una foto de un vehículo que hayas tenido.

Mi diario de la vida

¿Había algún tipo de música en particular que te gustara escuchar en tu adolescencia?

¿Cuál era la película favorita de tu adolescencia?

¿Cuáles eran los pasatiempos o las actividades que más te gustaban en tu adolescencia?

Mi diario de la vida

¿Hubo algún destino especial de vacaciones que visitaste? En caso afirmativo, facilita algunos detalles.

¿Enumera 3 palabras que te describan mejor como adolescente?

1.

2.

3.

Mi diario de la vida

¿Fuiste a la secundaria? En caso afirmativo, ¿dónde estaba situada y cómo se llamaba?

¿Qué asignaturas te gustaban en la secundaria?

¿Tenías un grupo de amigos cercano? Si es así, proporciona algunos nombres y detalles.

Describe uno de tus logros más memorables en la escuela.

¿Tenías algún apodo en el colegio?

Con lo que sabes ahora, ¿habrías hecho algo diferente cuando eras adolescente?

Utiliza esta página para incluir cualquier foto de la secundaria o detalles adicionales.

¿Tienes otras historias, recuerdos o momentos de tu adolescencia que quieras compartir?

Sección Tres

CUANDO ERA..

Mi diario de la vida

Cuando era niño, siempre tenía ganas de ...

Cuando era adolescente, siempre soñaba con ser...

Cuando era adolescente, la noticia más importante que recuerdo fue...

Cuando era adolescente, mis tres películas favoritas eran...

1.

2.

3.

Mi diario de la vida

Cuando terminé la escuela, era el año...

Cuando cumplí 21 años, lo celebré...

Cuando era adolescente, la cosa más tonta que hice fue...

Cuando era adolescente, me enamoré de una celebridad que es...

Cuando era joven, mis tres grupos favoritos eran...

1.

2.

3.

Cuando era joven, me arrepiento de no...

Cuando era adolescente, gané algo de dinero por...

Cuando me fui de casa por primera vez, me fui a vivir a...

Estas son las lecciones que aprendí de adolescente y que deseo transmitir a mis hijos y nietos.

LA PATERNIDAD

Convertirse en Padre

Mi edad cuando fui padre por primera vez _______________________

¿Dónde vivías cuando te convertiste en padre por primera vez?

____

____

Explica cómo te sentiste emocionalmente cuando te convertiste en padre.

____

____

____

____

____

____

¿Hubo algo para lo que no estabas preparado?

____

____

____

____

Mi diario de la vida

Mi empleo cuando tuve mi primer hijo

____

____

____

Si tienes otros hijos, indica los lugares y las fechas en que nacieron.

Nombre	Lugar	Fecha de nacimiento

¿Cuántos hijos tenías previsto tener?

____

____

____

Mi diario de la vida

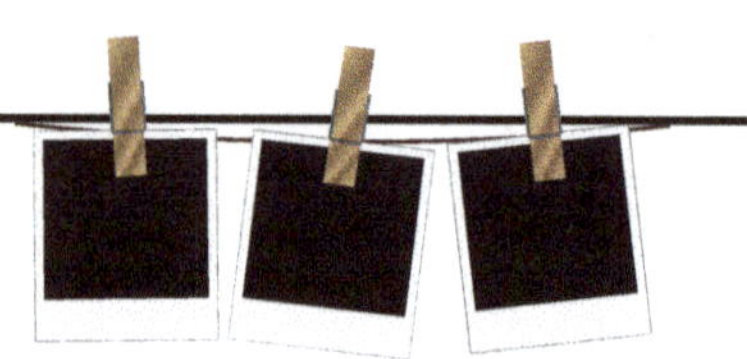

Utiliza estas páginas para incluir algunas
fotos sobre la paternidad

Mi diario de la vida

Utiliza estas páginas para incluir algunas
fotos sobre la paternidad

Mi diario de la vida

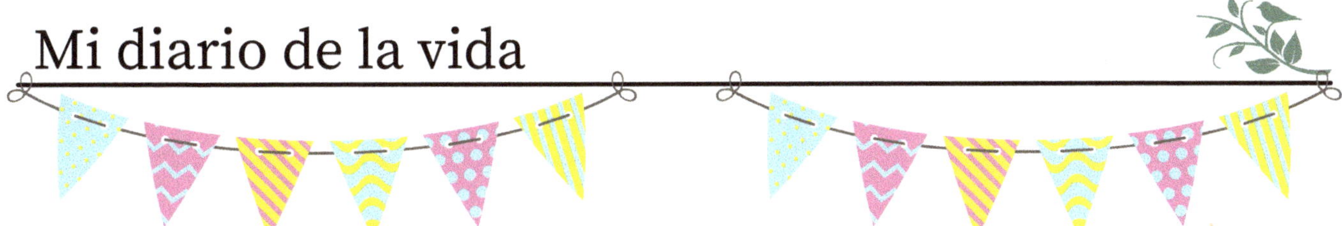

¿Cuál ha sido tu mayor reto como padre?

____

____

____

____

____

____

____

____

¿Cuáles son las 3 responsabilidades clave que crees que son importantes como padre?

1. ____

____

2. ____

____

3. ____

____

Mi diario de la vida

Utilice esta página para compartir más historias o información
sobre la crianza

VIAJES Y AVENTURAS EN LA VIDA

Mi diario de la vida

Si pudiera viajar a cualquier lugar del mundo para pasar unas vacaciones, visitaría...

Elegiría este lugar porque...

La actividad o afición en la que más disfruto participar ahora es...

Podrías llamarlo mi "súper-poder", pero tengo la capacidad única de poder....

Mi diario de la vida

Mi mayor temor es....

____

____

____

If I could invite 3 famous people to dinner (deceased or alive), they would be...

1. ____

2. ____

3. ____

Si pudiera invitar a cenar a 3 personas famosas (vivas o fallecidas), serían...

____

____

____

____

____

____

Mi diario de la vida

Si pudiera revivir y experimentar de nuevo un momento personal de tu
vida, sería...

____

____

____

____

____

____

Si pudiera revivir y experimentar un momento de la historia (un
acontecimiento mundial), sería...

____

____

____

____

____

Mi diario de la vida

Mi cita favorita de todos los tiempos es…

Recomendaría a todo el mundo que leyera…

____

En el futuro, me gustaría que me recordaran por…

____

____

____

____

____

____

____

Mi diario de la vida

Sin ningún orden en particular, estos son algunos de mis momentos de mayor orgullo.

Mi diario de la vida

En mis 20, estos son algunos de los trabajos que tuve.
(Incluir los años si se pueden recordar)

AÑO   EMPLEO

___________   ________________________________

___________   ________________________________

___________   ________________________________

___________   ________________________________

___________   ________________________________

___________   ________________________________

___________   ________________________________

___________   ________________________________

___________   ________________________________

___________   ________________________________

___________   ________________________________

___________   ________________________________

Mi diario de la vida

Si hubiera podido dedicarme a algo y hacerlo un empleo, habría sido...

El lugar más interesante que he visitado ha sido...

Mi diario de la vida

Creo que la mejor manera de ayudar a los demás es...

____

____

____

____

Si alguien escribiera un libro sobre mi vida, el título sería...

____

____

Me siento más feliz cuando...

____

____

____

____

____

____

Si tuviera que elegir otro país para vivir, sería...

porque...

Estas son 3 cosas que me gustaría hacer en los próximos 12 meses.

Mi diario de la vida

Añade aquí cualquier nota o información adicional...

RECUERDOS E HISTORIAS

Las mejores vacaciones en familia que he vivido han sido...

Una de las experiencias vitales más duras que he tenido que afrontar fue...

Un gran viaje por carretera que experimenté una vez fue... 

La mejor comida que he tenido ha sido... Nunca la olvidaré. De hecho, ¡la recomiendo encarecidamente!

— SECCIÓN SIETE —

MIS ÚLTIMAS
PALABRAS

Mi diario de la vida

Por favor, incluye cualquier otra información, historia o momento que no haya sido compartido a lo largo de este diario.

Mi diario de la vida

Mi diario de la vida

Por favor, incluye fotos adicionales, cartas, postales, certificados u otros recuerdos en las páginas proporcionadas.

SOBRE LA EDITORIAL

TThe Life Graduate Publishing Group se estableció por primera vez en 2019 con un enfoque clave en la creación de libros y recursos de alta calidad para beneficiar a los clientes de todo el mundo.

Con más de 250 títulos que van desde libros de autoayuda, libros para niños, diarios, agendas, recursos educativos y recursos deportivos, The Life Graduate Publishing Group es ahora capaz de distribuir libros a una audiencia global de clientes utilizando los mayores servicios de impresión bajo demanda (POD) del mundo.

Romney Nelson
Fundador - The Life Graduate Publishing Group
Autor de best-sellers internacionales

LIBROS DE REGALO DE LA SERIE

Disponible para su compra
en las principales librerías online